A l'école.

Bavarder en classe, c'est gêner ses camarades.

« Je veux étudier avec ardeur, je veux travailler de toute la force de ma volonté et de mon cœur ; je veux triompher sans pitié de mon penchant à la paresse » (E. de Amicis)

Ce n'est que par l'effort régulier qu'on prépare l'avenir. Sois digne des sacrifices que s'imposent pour toi, ton pays et ta famille.

Soyons patients.

La patience consiste à rester maître de soi, à vaincre l'énervement et la colère, elle permet de conserver sa lucidité. Elle contribue aussi à faire régner le calme la tranquillité et la bonne humeur.

La patience consiste à répéter invariablement les mêmes efforts sans se laisser décourager par les insuccès. C'est la persévérance qui est la source des œuvres grandioses et des grandes découvertes.

Soyons tolérants.

La tolérance consiste à respecter les croyances et les opinions religieuses, politiques d'autrui. Il est juste que nous soyons respectueux des croyances des autres comme nous respectons leur personne.

La tolérance est la condition du progrès, celui-ci naît de la coopération de toutes les intelligences et cette coopération n'est possible que si toutes les idées peuvent s'exprimer librement.

La sobriété.

Nous devons manger et boire suffisamment pour vivre. Celui qui mange et boit plus que nécessaire est un gourmand, il se rend malade et devient obèse. Le gourmand est souvent malpropre et égoïste.

L'alcool ne nourrit pas, ne réchauffe pas, ne rend pas plus vigoureux. L'abus de l'alcool cause les pires maladies. L'alcoolisme est le destructeur de la famille. Les parents doivent montrer l'exemple de la sobriété.

La bonté.

Certains devoirs sont imposés par la loi. D'autres devoirs que la loi n'impose pas sont aussi importants. Ce sont les devoirs de charité qui consistent à faire aux autres ce que nous voudrions qu'on nous fît.

Soyons bienveillants pour ceux qui souffrent. Faisons l'aumône avec discernement, avec discrétion. La façon de donner vaut mieux que ce qu'on donne.

Soyons disciplinés.

La discipline est l'obéissance aux règlements de l'école, de l'usine, de l'armée et aux lois du pays. Lois et règlements sont faits dans l'intérêt général. Ils nous protègent contre le danger et le désordre .

Respectons les règlements et les lois. Respectons ceux qui sont chargés de les faire appliquer. Ils ont droit à notre admiration et à notre reconnaissance.

Soyons obéissants.

Obéir, c'est le premier devoir de l'enfant et c'est son intérêt, cela lui évite bien des désagréments. C'est aussi pour lui le meilleur moyen de prouver son affection et sa reconnaissance à ses parents et à ses maîtres.

Obéir ne suffit pas; il faut encore obéir sans murmurer, sans attendre et joyeusement. Il faut savoir obéir aussi quand on n'est pas surveillé. L'obéissance nécessite un effort de volonté qui nous rend énergique.

Soyons polis.

La politesse est une des vertus les plus indispensables à la vie en société. Elle comprend un certain nombre de règles simples : « le savoir vivre » qu'on apprend dans la famille et à l'école.

Ces règles sont faites pour rendre agréable la vie en société, pour éviter les disputes et sauvegarder la bonne humeur, elles sont une victoire sur l'égoïsme. La vraie politesse nécessite de la bonté.

Soyons probes.

La propriété est le droit de disposer à notre gré des fruits de notre travail, mais il ne faut pas devenir avare, ce qui est un obstacle à la générosité. Prendre la propriété d'autrui c'est commettre un vol. Celui qui est victime du vol se décourage, celui qui le commet est un paresseux, un lâche.

Soyons probes. Evitons les menus larcins. Ne trichons jamais en classe et au jeu. Respectons la propriété d'autrui.

Respectons la vie.

Nous devons respecter notre vie et aussi celle des autres. Si la vie est le plus grand des biens, l'homicide est le plus grand des crimes. L'homicide, qu'il soit prémédité, qu'il soit causé par l'alcoolisme, la colère, est un crime.

Les imprudents, les orateurs violents, les gens cupides attentent à la vie des autres sans s'en rendre compte. Instruisons nous, pour pouvoir à l'occasion préserver notre vie et celle de nos semblables. Evitons l'ivrognerie, la jalousie, la colère, les imprudences et les négligences.

Les lois de justice interdisent de tuer, de voler, de frauder, de nuire à la liberté des autres et à leur réputation.

Il faut combattre l'intolérance et respecter les opinions d'autrui.

Soyons sincères.

Rien de plus laid que le mensonge, inspiré toujours par un défaut : paresse, gourmandise, intérêt, vanité, lâcheté. Rien de plus beau que la sincérité et la courageuse franchise. La sincérité envers soi-même permet de se corriger de ses défauts. Elle nous rend indulgents pour les autres.

La sincérité crée la confiance et rend seule possible la vie en société. Mentir, c'est la même chose que d'être lâche. Par charité, ne disons pas inutilement aux autres des vérités qui leur feraient de la peine. La franchise ne doit pas être de la malveillance ou de la brutalité.

Copier c'est tricher, c'est voler une récompense, c'est manquer à l'honneur.

Aimons par-dessus tout la sincérité, la droiture. Tenons nos promesses, faisons honneur à nos engagements. Soyons vrais.

La conscience.

La conscience nous permet de savoir ce qui est bien et ce qui est mal. Elle guide nos actions comme le phare guide le navire. La conscience est le meilleur livre de morale. A l'inverse des végétaux et des animaux, l'homme est raisonnable. Il est libre de ses actes, il est donc responsable. Quand il a accompli une bonne action, il éprouve de la joie. S'il a fait mal, il aura du remords.

N'agissons jamais sans réfléchir. Si nous avons commis une faute, nous devons avoir du remords, ce qui nous empêchera de recommencer. Quand nous avons accompli une bonne action, soyons joyeux. La conscience deviendra délicate et fera de nous des honnêtes gens.

La conscience est le meilleur livre de morale que nous ayons. Soyons dociles à la voix de notre conscience. Conduisons-nous de telle sorte qu'elle ne nous reproche rien.

Les morts.

Gardons le souvenir de nos morts. Le jour de la Toussaint chacun pense à ses morts et va fleurir leurs tombes. Ce serait être ingrat que d'oublier les disparus par peur du chagrin, ce serait être lâche que de craindre l'idée de la mort. Cette idée est bienfaisante : elle nous incite à redoubler d'affection pour nos parents.

Parmi les morts honorons particulièrement ceux qui sont tombés pour la défense de la justice.

Le désintéressement.

Si misérable qu'on soit, on peut toujours éprouver la joie de faire plaisir aux autres. On ne fait son bonheur qu'en s'occupant de celui des autres.

Dévouez-vous sans rien attendre. Il faut surtout être bon et penser aux autres plus qu'à soi-même. La vie de chaque jour exige le dévouement et le sacrifice, ce qui, forme le coeur et la volonté.

La médisance.

Je me fais un devoir de ne dire que ce dont je suis absolument sûr, comme si de mes paroles dépendait la vie d'un homme. Il ne serait nuls médisants s'ils n'étaient des écoutants. Si quelqu'un m'aborde et engage la conversation par « on m'a dit, il paraît » je ne dis rien. S'il achève sa phrase par une médisance, je lui tourne le dos.

La calomnie est un mensonge, un vol. Il ne faut jamais parler des fautes réelles des autres et aussi ne jamais accuser les autres des fautes qu'ils n'ont pas commises.

C'est une lâcheté et une bassesse que de ternir la réputation d'autrui.

La calomnie est de la fausse monnaie, bien des gens la font circuler sans scrupules.

Personne ne se repent jamais de s'être tu !

Notre mère.

Les enfants doivent tout à leur mère. Il n'y a pas de vice plus odieux que l'ingratitude envers la mère. Aimons notre mère. Aidons-la dans la mesure de nos forces. Rendons-la heureuse par notre bonne conduite, notre travail en classe, notre obéissance. C'est par des actes que l'on peut prouver à notre mère que nous l'aimons et que nous la respectons.

Notre père.

Le père, chef de famille, doit assurer la subsistance de ses enfants au prix de bien des peines et des soucis. Les enfants doivent lui témoigner leur respect, leur gratitude par leur bonne conduite en classe ou à l'atelier.

Quand il sera vieux, vous le soignerez et le nourrirez comme il vous a soigné et nourri pendant votre enfance.

Nos grands-parents.

Nos grands-parents sont âgés. Leur longue existence laborieuse a connu bien des joies, mais aussi bien des épreuves, des chagrins et des deuils. Respectons les pour faire plaisir à nos parents.

Ecoutons leurs conseils, dictés par leur longue expérience. Ayons pour eux ces mille attentions, ces mille prévenances qui leur donnent leurs dernières joies.

Nos frères et sœurs.

L'enfant qui a le bonheur d'avoir des frères et sœurs doit se réjouir ; il ne connaît ni la solitude, ni l'ennui.

Les aînés doivent donner le bon exemple aux plus jeunes, les aider, les protéger. Les cadets doivent se laisser guider docilement par leurs aînés. Aimer ses frères et sœurs, c'est encore une manière d'aimer ses parents.

ECOLE
JPS

Nos amis : les animaux.

Les animaux ont une ébauche d'intelligence, ils sont capables d'attachement. Considérons-les comme des amis.

Ils égayent nos foyers, nos fermes, nos bois. Ils nous rendent des services incalculables pour l'alimentation, le vêtement et nous aident dans nos travaux. Quiconque est dur avec les bêtes sera dur avec les gens.

Soyons propres.

L'enfant propre a la figure et le corps bien nets, les vêtements sont brossés, ses chaussures cirées. Sa bonne mine fait qu'on se sent attiré vers lui.

La propreté exige de l'enfant du courage, de l'attention, une surveillance constante de ses actes. Elle exercera donc la volonté. Elle entretient la santé en permettant à la peau d'accomplir ses fonctions. Avec la santé, elle donne la vigueur, la bonne humeur et la joie.

L'enfant sale, l'homme mal-propre, sont des objets de dégoût, et, parfois en propageant des maladies contagieuses, ils sont un danger public.

La malpropreté est le signe de la négligence, de la paresse, de la grossièreté.

Comment une âme délicate et noble pourrait-elle habiter un corps sale et négligé ?

Ayons de l'ordre.

L'ordre consiste à attribuer à chaque objet une place déterminée et à le ranger dès qu'on ne s'en sert plus. Il consiste aussi à faire chaque chose en son temps.

L'ordre permet de gagner du temps. Il évite la mauvaise humeur, la défiance et les injustes soupçons et contribue à faire régner partout l'harmonie et la beauté.

Travaillons.

Le travail éloigne de nous l'ennui et le besoin, source de tant de mauvaises actions. Il entretient la joie et la bonne humeur, en procurant l'aisance, en chassant l'ennui et en contribuant à nous maintenir en bonne santé.

Le travail nous permet d'éprouver la joie, d'avoir créé une oeuvre accomplie. Mais c'est à condition de travailler avec soin, en faisant preuve de conscience professionnelle.

JPS

Soyons courageux.

Les exemples de courage sont nombreux (personne se jetant à l'eau... pompier...). Mais être courageux, c'est aussi lutter contre la souffrance (maladie, fatigue, froid...). C'est aussi lutter contre la peur. Je serai courageux si je sais résister aux tentations, à la paresse, à la colère, à la violence, à la désobéis-sance. Il faut aussi du courage pour ne pas se décourager d'un échec.

Soyons modestes.

On peut être fier d'être des personnes humaines. mais que cette fierté ne devienne pas de la vanité ou de l'orgueil. Efforçons-nous de nous bien connaître pour nous corriger de nos défauts. Quand nous connaîtrons notre valeur, nous saurons nous garder d'une vanité ridicule.

Les vaniteux, les orgueilleux sont des ridicules. Ils sont menteurs, égoïstes, intolérants.

27, rue du Chapeau rouge
19100 Brive

http://claudetaudin.monsite.wanadoo.fr

Achevé d'imprimer sur les presses de l'Imprimerie Drouillard à Bordeaux en mai 2004
Dépôt légal : mai 2004